| 이화시선 · 20 |

장홍기 시집

나는 바람이고 싶다

이화

황량한 넓은 벌판 / 기찻길 둑방 위 / 외로운 간이역 / 대합실 형광등 불빛
소르르 졸고 / 나무의자에 쪼그려 앉아 / 너를 기다리는 / 나는 졸음이 더 무겁다.
급행열차 지나가고 / 특급열차 지나가면 / 나는 졸음을 털고 / 고개를 들어
표 받는 이도 없고 / 나오는 이도 없는 / 출찰구를 계속 바라본다.

「기다림의 소묘」 전문

기다림의 소묘

황량한 넓은 벌판
기찻길 둑방 위
외로운 간이역
대합실 형광등 불빛
소르르 졸고
나무의자에 쪼그려 앉아
너를 기다리는
나는 졸음이 더 무겁다.

급행열차 지나가고
특급열차 지나가면
나는 졸음을 털고
고개를 들어
표 받는 이도 없고
나오는 이도 없는
출찰구를 계속 바라본다.

1. 문득 그리울 때

2. 칠갑산 장승

3. 나는 바람이고 싶다

4. 첫사랑처럼

1.

문득 그리울 때

문득 그리울 때

창을 열고
고개 뒤로 젖혀
북쪽 하늘을
눈시울 적시며
바라볼 때가 있다.

心散한 소용돌이
허전하게 옥죄는
외로움의 통증
가슴속 뻐근하게
느낄 때가 있다.

흐르는 구름
울며 예는 기러기
그 궤적을 좇다가
텅 빈 하늘 보며
허무해 할 때가 있다.

담배 연기
깊이 빨아들여
한 개비 다 태우며
시리고 시린 한숨

내쉴 때가 있다.

고향 산천
부모형제, 일가붙이
옛적 친구, 연인
지난 시절이 문득
그리울 때가 있다.

고백

어렸을 적 이야기
오늘 하였다.
어쩌면 하기 쉬운
옛날 얘기다.
어쩌면 재미있는
지난 일이다.
그런데 그때처럼
힘이 들었다.

설렘으로 가슴 죄며
'사랑했노라' 했다.
때 놓친 아쉬움에
한 말 또 했다.
창 밖을 내다보며
'사랑했노라' 했다.
임은 고개 숙이고
내 말 들었다.

지금도 사랑하는 까닭일까?
가슴 뛰었다.
임도 같은 까닭일까?
말이 없었다. (2010. 3. 3)

임 그리며…

하루도
온종일
임을 그렸다.

다른 생각
하지 않고
임만 그렸다.

참 예쁘게,
참 착하게
그리려 했다.

참 귀하게,
참 향기롭게
그리려 했다.

젊고
건강하게도
그려 보았다.

아!
그리는 임은

임보다 못한 임.

나의 임
좋은 임인 줄
임 그리며 알았다.

사랑의 미혹

임이여!
나는 믿노라.
너를 사랑하는 나를 믿노라.
나를 사랑하는 너를 믿노라.

임이여!
나는 믿노라.
너에게 모든 것 다 주는 나를 믿노라.
나에게 모든 것 다 주는 너를 믿노라.

임이여!
사랑의 믿음
신앙처럼 간절하지만
사랑에는 迷惑이 있어라!

임이여!
함께 있어도 외롭구나.
마주 보아도 그립구나.
다 주어도, 다 받아도 아쉬워라.

임이여!
사랑해도 사랑해도

채워지지 않는구나!
허전한 자리, 사랑의 迷惑.

임이여!
내가 영원히
함몰되어도 좋을
아름다운 빈 자리 사랑의 迷惑.

이별 그 후

임의
따뜻한 숨결로 누리던
나의 행복 끝나고
차가운 가슴 속
내 영혼의 동토 위에
빙벽처럼 다시 서는
외로움 …

임의
고운 눈빛으로 누리던
나의 번영 끝나고
텅 빈 가슴 속
내 영혼의 폐허 위에
성벽처럼 다시 서는
그리움 …

바닷가에서

바닷가 모래밭엔
조개껍질 소라껍질
오순도순 곱고 예쁘더이다.

밀물의 바다 얘기
썰물의 세상 얘기
소곤소곤, 도란도란 들리더이다.

물새떼 놀았는지
돌며 뛰며 춤췄는지
남긴 발자국 즐겁더이다.

파도쳐 해초 냄새
바람불어 바다 냄새
비릿하더이다, 짭잘하더이다.

뭍으로 오르려나
섬으로 건너려나
갈매기 오락가락 날더이다.

하얀 물결 솟았다가
파랗게 가라앉아

쪽빛 너울지더이다.

멀리 보이는 바위섬은
떠가는 듯, 흘러가는 듯
거기 그냥 있더이다.

바닷가 모래밭엔
조개껍질 소라껍질
오순도순 곱고 예쁘더이다.

하늘을 세우자

임아!
우리는 서로 사랑하며
알지 못했구나.
임아!
우리는 서로 사랑하며
만나지 못했구나.
임아!
우리는 서로 사랑하며
모르고 살았구나.

그러구러 반평생
외로움 깊고
그리움 무성했던
우리 가슴엔
아직도 뜨거운
아직도 향기로운
우리들의 선사시대
사랑의 화석이
유적처럼 묻혀 있다.

아,
지난 세월 아쉽구나!

오늘 하늘은
하늘이 아니어라.
임아!
우리 역사 모두 버리자.
가슴 태웠던 사랑만 남기고
함께 못한 세상살이
모두 잊어버리자.

임아!
이제 가슴을 붙이고
흙먼지 흩날려도
너는 내 이름, 나는 네 이름
처절하게 절규하며
땅 위에 딩굴자!
누더기 하늘이면 어떠리
우리 함께 오를 하늘
우리들의 하늘을 세우자.

나

나는 내가 아니오.
나는 임에게 갔소.
내 가슴 송두리째 쏟아져
임에게 간 나는
나의 껍데기일 뿐
내가 아니오.

나 임에게 와
임의 꿈 되었소.
임의 기쁨 되었소.
임의 생명 되었소.
임 안에 바스라져
나 임 되어버렸소.

내가 떠났어도
나의 껍데기는
허전하지 않소.
쓸쓸하지도 않소.
어느 새 임 찾아와
나 되어 머물기 때문이오.

나, 나를 떠날 때,

임도 임 떠났소.
나의 빈 자리는
임이 꿈꾸던 피안
나 임 안에 머물며
그리 소중한 나를 알았소.

나의 우주에는

밤새
두 무릎 세워
턱 괴고 앉아
창밖으로 내다 보는
깜깜한 하늘에
아스라히 열리는
나의 우주

거기에
나 있더라
거기에
너 있더라
우리는 서로 임이더라
나의 우주에는
그저 그것 뿐이더라.

나 너를
사랑터라.
너 나를
사랑터라.
그저 그것으로
우리는 행복터라.
더 바랄 것 없더라.

다짐

내 가슴에
머무는 임
알지 못하던
조개무지 속에 묻힌
나의 선사시대
나는 뜰 곳도 질 곳도
비출 것도 밝힐 것도 없는
절망에 타버린
검은 태양.

어둠의 세월
시나브로 끝나
내 가슴에 있는
임 보았거니!
나 이젠
세상에서 떠 세상으로 지며
임 비추고 밝히려네.
사랑과 소망에 타는
찬란한 임의 태양 되겠네.

별이 되리라

나의 어둠에
반짝이는 별 하나
네 빛으로 본
어둠 속 나의 하늘
鄕愁같은
소망이 타는 자리

내일 또 다시
검은 밤이 오면
나 하늘에 오르리라.
너를 바라고
공중을 더듬어
하늘에 오르리라.

외로운 한 줄기
이정의 끝 너의 빛
그 곁에 서서
너를 보듬어
체감한 눈부신 빛으로
소망의 빛 밝히리라.

하늘 잃은 별에게

하늘 찾는 별에게
하늘 자리 알리는
한 줄기 밝은 빛
별이 되리라.
별이 되리라.

우리의 깃대를 오늘에 세우자

임아!
우리의 깃대를
다시 세우자.

우리는
삶의 이상이
내일에만 있는 줄 알았었다.

내일이 오늘로 다가와도
내일은 또 저만큼 있는 것
내일은 영원한 내일

물러서는 내일에 속아
놓쳐버린 삶의 잔해
공허한 어제로 쌓였구나.

내일은 환상
어제는 잔상일 뿐
우리의 삶은 오늘에 있거니

임아!
태양이 베푸는 오늘을

우리의 최선으로 만들자.

임아!
아침을 반갑게 맞고 즐겁게 일하여
오늘 하루 성공하자. 오늘 하루 행복하자.

웃고 울고
사랑하고 미워하는 오늘
거기에 우리의 깃대를 세우자.

까치야 울어라!

까치야 울어라.
목청껏 울어라.
하늘 파랗게 높아지면
싱그러운 바람 불면
머리카락 휘날리며
고운 님 온다누나.

까치야 울어라.
목청껏 울어라.
파수꾼처럼 목 지키다
고갯마루에 임 보이면
가슴 터지게 달려가리
으스러져라 껴안으리.

까치야 울어라.
목청껏 울어라.
임과 함께 달을 보며
임과 함께 별을 헤며
사랑 고백도 하겠노라.
입맞춤도 하겠노라.

까치야 울어라

목청껏 울어라.
외롭다 울어라.
그립다 울어라.
가을 오라 울어라.
임 오라 울어라.

별바라기

별 하나 나 하나
별 둘 나 둘

별이여! 옛날 옛적에
별을 헤아리다 찾은 나의 별이여!

아름답고 영롱한 빛 너무 높아
딸 수 없던 나의 별이여!

어느 날 별똥별 하나
저녁놀 스러진 자리로 떨어지더니

별바라기로 살던 나의 꿈 흩어져
시린 가슴으로 바라보던 텅 빈 하늘 …

별 하나 나 하나
별 둘 나 둘

별이여! 내 가슴 조각과
함께 떨어져 나간 나의 별이여!

꺼져 버린 빛의 자리에 서러움 가득한

내 영혼이 보았던 나의 별이여!

깜깜한 밤 하늘에 네 잔영은, 또 하나의 나의 별
외로움 그리움으로 보는 또 하나의 나의 별

반평생도 넘게 그렇게 바라보며
소쩍새처럼 울던 길고 긴 헤아림

별 하나 나 하나
별 둘 나 둘.

임

임은 언제나
성스러운 자리에
아름답게 눈부셔
그 눈빛 마주 볼 수 없다.

임은 언제나
외경스런 자리에
고고하게 높아
그 손길 잡을 수 없다.

임은 언제나
귀한 자리에
순결하게 멀어
그 가슴 안을 수 없다.

임은 언제나
소중한 자리에
사랑으로 넓고 커
그 맘 가질 수 없다.

임은 언제나
가까이 보일 듯 보이지 않아 외롭다.

임은 언제나
함께 있는 듯 곁에 없어 그립다.

임은 언제나
그러하여 내게 있다.
임은 언제나
그러하여 내 임이다.

임의 탓

벗이여!
너 젊었을 적,
달을 좋아했었다.
창문 열고 달을
자주 바라봤었다.
구름 속에 드는 달을
안타까워도 했다.

벗이여!
너 젊었을 적,
별을 좋아했었다.
별을 바라보며
자주 헤아렸었다.
별똥별 떨어질 땐
마음 아파했었다.

벗이여!
너 젊었을 적,
풀벌레 울음 소리,
듣기 좋아했었다.
턱 괴고 쪼그려 앉아
마당 끝 풀밭에 귀 기울였었다.

밤 깊어지면 아쉬워했었다.

벗이여!
너 젊었을 적,
누구를 만나도
외롭다 했다.
무슨 일을 하여도
덧없다 했다.
깊은 한숨 내쉬며 먼 데 봤었다.

벗이여!
너 젊었을 적,
하는 말, 하는 짓, 이상했었다.
딱하기도 했지만 멋도 있었다.
도무지 알 수 없던 그때 네 얘기
네가 임 그리운 까닭이었다.
모두 너의 임 때문이었다.

소쩍새가 웁니다

계룡산 소쩍새가 웁니다.
동학사 부처님 들으라고 우는지
소쩍 소쩍 … 웁니다.

사랑 없어 외롭다
사랑 잃어 그립다
우나봅니다.

사노라 힘들다
사노라 지쳤다
우나봅니다.

어쩌면 철들어
사랑의 기쁨과 슬픔
부질없다 우는지도 모릅니다.

어쩌면 깨달아
세상살이 즐거움과 괴로움
덧없다 우는지도 모릅니다.

계룡산 소쩍새가 울건 말건
동학사 부처님은

그저 미소만 짓고 있습니다.

소쩍 소쩍 소쩍 …

짝사랑

임을 임으로
마음에 심고
그리운 나날
외로운 평생

가슴 설레며
가슴 저미며
수줍고 부끄러워
고백 못했소.

좋아한단 말
사랑한단 말
머릿속에서만
외쳐 보았소.

두견이 따라
뻐꾸기 따라
남 모르게 속으로만
외쳐 보았소.

벙어리 냉가슴
天下大將軍
地下女將軍을
보고만 섰소.

임에게로 가는 고개

달 밝으면 넘고요
소쩍새 울면 넘지요.
외로워도 넘고요
그리워도 넘어요.

달빛 길동무 삼아
임에게로 가는 고개
소쩍새 소리 좇아
임에게로 가는 고개

외로움 손잡고
마음으로 넘는 고개
그리움 뒤 따라
가슴으로 넘는 고개

가며 넘으면
임에게 가는 고개
오며 넘어도
임에게 가는 고개.

임이 임 된 날부터
하루 하루 또 하루

설레이며 넘는 고개
임에게로 가는 고개

꿈

임 없는 밤
두렵고 외로워

잠에서 깨어나
꿈을 꿉니다.

잠들 때까지
꿈을 꿉니다.

임 만나 임 보는
꿈을 꿉니다.

포옹하고 입 맞추는
꿈을 꿉니다.

사랑하고 사랑받는
꿈을 꿉니다.

소망대로 그려지는
행복한 꿈.

잠들어

꿈에서 깨어납니다.

잠들어
임과도 헤어집니다.

잠에서 깨어나
꿈꿀 때까지 …

코스모스 연가

코스모스여!
동구 밖 산비탈에
가녀린 몸 하늘거리며
눈부시게 하얀 빛으로
사춘기처럼 피어 오른
물안개를 만나라.
그 품속에 안겨
싱그러운 애무를 나눠라.

코스모스여!
신작로 갓길에
고개를 살포시 숙이고
수줍은 분홍빛 얼굴로
너 그리워 고개 넘은
높새바람을 만나라.
그 가슴에 네 얼굴 묻고
감미로운 속삭임을 나눠라.

코스모스여!
고갯마루 잔디밭에
뒤꿈치 까치발 짚고
상기되어 빨간 얼굴로

온 세상 붉게 태우는
저녁놀을 만나라.
그 몸 꼭 끌어안고
뜨거운 사랑 나눠라.

코스모스여! 코스모스여!

惜別

헤어질 때는 언제나
임을 속여 봅니다.
나를 속여 봅니다.

헤어짐은 이별 아닌 것
만남의 시작이라
임을 속여 봅니다.

돌아서는 발걸음은
임을 향한 출발이라
나를 속여 봅니다.

섭섭해 하지 말자.
기쁘게 헤어지자.
임과 나를 속여 봅니다.

임은 눈시울 붉힙니다.
아무 말 없습니다.
임은 속지 않은 겁니다.

외로움은 나를 따릅니다.
그리움은 임께 갑니다.

나도 속지 않은 겁니다.

헤어질 때마다 속여 보지만
임은 속지 않나 봅니다.
나도 속지 않으니까요.

2.

칠갑산 장승

인생은 …

인생은
성난 파도에 휩쓸린 돛단배.
그래도 피안에 닿는
돛단배.

인생은
황량한 동토에 벌거숭이 나무.
그래도 꽃 피고 열매 맺는
나무.

인생은
깊은 골짜기에 흩어진 공허한 소리.
그래도 메아리로 돌아오는
소리.

인생은
어둠속에 묶여 있는 빛.
그래도 어둠을 풀고 아침을 여는
빛.

인생은
힘겹고 괴로운 하루하루 세상살이

그래도 끝을 두어 희망 주는
세상살이.

6월의 이야기

이 고샅 저 고샅
정처 없는 나그네처럼
6월의 공중을 떠도는 흰 구름은
총탄이 빗발치는 포연 속에서
부모형제 처자식을 생각했던
어느 병사의 그리움일 게다.

햇살에서 쏟아져
황토 마루를 넘어오는
6월의 더운 바람은
고지를 뛰어 오르며
절벽같이 가파르게 몰아 쉬던
어느 병사의 숨결일 게다.

굴참나무 숲에 스몄다가
옹달샘으로 솟아 숲속을 흐르는
6월의 도랑물은
무너진 참호 속에서
아직도 총대를 쥐고 엎어져 흙이 되어 버린
어느 병사의 눈물일 게다.

밤하늘, 그 간절한 어둠 속에서

풀벌레의 서러운 울음 같은
6월의 푸르고 푸른 별빛은
포화에 산산이 흩어져
능선에서 능선이 되고 산에서 산이 된
어느 병사의 감지 못한 눈빛일 게다.

6월의 산천초목
6월의 무성한 푸르름은
6월, 그 6월 전장에
이름없는 주검으로 묻힌
어느 병사의 살아 있는 젊음일 게다.
어느 병사의 죽지 않은 사랑일 게다.

칠갑산 장승

칠갑산 너머에
서 있는 장승은
언제나 웃기만 한다.

좋은 일 있는 이,
나쁜 일 생긴 이,
누구나 만나면 웃는다.

땡잡은 노름꾼,
과부 호린 홀아비,
다 알아본 듯 웃는다.

실업자 아들 둔 이,
노처녀 딸 둔 이,
속 썩는 줄 모르는 듯 웃는다.

힘이 넘치고 뻗치는 사람,
병 들어 힘 빠지고 아픈 사람,
보는 대로 똑같이 웃어 준다.

너그럽고 후한 사람,
궁색하고 눈치 빠른 사람,

만날 때마다 차별 없이 웃어 준다.

세상살이 기쁨, 슬픔,
살림살이 즐거움, 괴로움,
아는 듯 모르는 듯 웃는다.

칠갑산 너머에
서 있는 장승은
언제나 웃기만 한다.

아내

겁없는 가슴에
해, 달, 별 가두고,
추상화 그림같이
살던 옛날.

코스모스, 들국화
억새 꽃줄기 두어 줌
빛깔이랑 향기까지
모두 모아 한 묶음.

농담처럼 건네는
꽃다발 꼬옥 감싸 안고
웃는 듯 마는 듯
눈물 짓던 아내 …

지금 가만히 바라본다.
외할머니 같은 아내.
그때처럼 바라본다.
참, 고운 아내.

우리들의 행복시대

친구여!
우리에겐
행복시대가 있었다

강아지풀대에 꿴
메뚜기 한 꾸러미
잠 설치고 주운
반쯤 무른 감 두어 개.

아무도 모르게 맡아 둔
고추밭 머리 개똥참외.
어머니가 눈물나게 혼내고
사주셨던 십리사탕 두 알.

친구여!
그저 그런 것들이
우리가 행복한 이유였다.
더 바랄 것 없었다.

우리 모두
골목 신동
우리 모두

동네 천재

우리는 항상
제일 앞장서 뛰었다.
우리는 언제나
가장 높이 올랐다.

친구여!
그저 그런 것들이
우리가 행복한 이유였다.
더 바랄 것 없었다.

작은 것을 이뤄도
적게, 조금 누려도
가슴속 가득 만족했던 때.
그때 우리는 행복했었다.

친구여!
우리에겐
행복시대가 있었다.

벗이여!

벗이여!
나 너를 벗이라 부르듯이
너 나를 벗이라 부르느냐?

벗이여!
나 너를 사랑하는 것처럼
너 나를 사랑하는 친구냐?

벗이여!
나 너 소중하여 네 모든 것 소중하다.
너 또한 그러냐?

너 어릴 적 뛰놀던 고향
너 젊은 시절 만났던 연인
내가 왜 그리운 건지 넌 아느냐?

네 괴로움 네 슬픔에
나 가슴 깎으며 밤을 지새웠다
나 그리 잠 못 들던 까닭은 무어냐?

너 이상의 깃발을 높이 들고
심장이 터질듯 박동치게 뛸 때

나는 왜 숨가빠 피가 끓었는지?

너의 성취에
너의 성공에
너보다 내가 왜 더 자랑스러운지?

벗이여!
너는 그렇지 않았어도 좋다.
너는 몰랐던 일이라도 좋다.

벗이여!
나 너를 사랑한 것으로 좋다
평생 너를 벗이라 부른 것으로 좋다.

돌아가자!

돌아가자, 친구야!

하늘,
우리들 하늘로
세상,
우리들 세상에.

우리가 빛이었던
작은 마을.
우리가 별이었던
나즈막한 동산.

우리들의 꿈과
소생이 있던 곳.
우리들의 땀과
결실이 있던 곳.

먹고 마시고
즐거웠던 곳.
베풀며 나누며
기뻐했던 곳.

좋아하는 사람
만나 반갑던 곳.
사랑하는 사람
함께 있어 행복하던 곳.

엉겁결에 지나온
고샅을 지나,
모르는 새 넘어 버린
고개를 되 넘어

돌아가자,
우리들 하늘로!
돌아가자,
우리들 세상에!

돌아가자, 친구야!

(2010. 2. 28)

覲親

그날
달은
떠오르지 않았다.

꾀꼬랭이 골짜기며
사곳이 들판
어둠 속에 엎드려 있었다.

모녀가 나란히 누워
베갯잇을 적실지도 모를
눈물자욱 비추기 싫어

그날
달은
떠오르지 않았다.

그날
바다는
오천 갯고랑에 가득했었다.

초저녁부터
밀물 뒤 따라

독바위 포구까지 가득했었다.

모녀가 나누는
세상살이 살림살이
밤샘얘기 엿들으러

그날
바다는
오천 갯고랑에 가득했었다.

그러려니

그대 스러져
깜깜한 어둠으로 사라져도
그러려니 합니다.

그대 이울어져
한 조각 빛마저 남지 않아도
그러려니 합니다.

그대 산 넘어
산 그림자 뒤로 숨어도
그러려니 합니다.

그대 수평선 너머
빛과 더불어 가라앉아도
그러려니 합니다.

그대 언제나
그렇게 어둠에 들어도
나의 달입니다.

그대 빛 잃은
깜깜한 실종에도
내게는 그대 환하게 머뭅니다.

어둠 小考

어둠은 빛이다.
빛의 가슴에 숨었다가
유복자 막내자식으로
하늘에서 난 빛이다.

어둠은 빛이다.
서쪽 하늘 서쪽 바다
저녁놀 붉게 태운 진통 끝에
해에게서 난 빛이다.

어둠은 빛이다.
빛 앞에 무릎 꿇고
빛에게 순종하며
빛을 섬기는 빛이다.

어둠은 빛이다.
낮고 구석진 곳에서도
작고 힘없는 빛을
더욱 빛나게 하는 빛이다.

어둠은 빛이다.
새벽 빛 받아들여

제 자리 다 내어 주고
밝은 빛이 되는 빛이다.

어둠은 빛이다.
조용히 빛의 뒤에서
덕을 감추고 숨어 있는
빛보다 더 밝은 빛이다.

終生記

홀씨로
바람에 날리고
빗물에 휩쓸려
산갈대 줄기 곁에
찔레꽃 덤불 속에
음습하게 터잡은
고사리

땅껍질
몰래 떠들고
숨어서 태어나
숲 냄새 낯설고
짐승 발길 두려워
몸 굽혀 머리 숙인
고사리

하늘 그리워
세상 궁금하여
고개 들고 팔 벌려
햇볕 쬐고 바람 쐬고
비 맞으며 숨쉬며
흙 냄새에 살오른

고사리

아름다운 꽃
피우지도 않는데
달콤한 향기
풍긴 적 없는데
採薇하는 속환이 만나
살진 허리 꺾인
고사리

두려운 세상
무서운 세상
가위 눌린 꿈같은
평생 예니레 끝나
중바랑 속에서 해탈했는가?
반야심경 염불 듣는
고사리

어머니

어머니!

나를 낳으신
어머니!

아들 딸 육남매
우리 형제 낳으신
어머니!

아들 낳고 아들이라
딸 낳고 딸이라
기뻐하셨던
어머니!

아들 딸 기르시며
먹이랴 입히랴 가르치랴
평생 손바닥 발바닥에
두터운 군살 붙이셨던
어머니!

난리 전쟁 통에
자식들 안고 업고

헐벗고 굶주렸던 고생
당신의 죄인 양 맘에 두시고
괴로워 하셨던
어머니!

새벽잠 설치시고
촛불 밝혀
하느님께 무릎 꿇고
묵주알 꼭 쥐어 넘기시며
아들 딸 위해 기도하셨던
어머니!

아들에게 딸에게
모든 걸 다 주시고
못 가르쳤다,
물려 준 것 없다,
미안해 하셨던
어머니!

무식하다 답답하다,
무능하다 고약하다,
은혜 갚았다, 왜 날 나셨나요?

갖은 불효 덮으시고
효자 아들 소문내신
어머니!

함박눈 내리던 날
눈발 궤적 좇아
훨훨 눈바람 타고
하늘 별자리에 오르신
어머니!

사랑 받을 줄 몰랐던
자식 불효 잊으시고
환한 미소 남겨 용서하신
어머니!

별에 빛 더해 별 되시고
흙에 체온 더해 흙 되신
어머니!

이제는 불러도 대답하지 않으시네!
어머니!

어머니! !

친구를 기다리며

벗이여!
너를 만나는 날 아침은
눈비가 내려도
안개가 서려도
찬란하다.

우리는
반평생 넘게 흘러버린
세월의 강을 거슬러
열 여덟 살 소년으로
설레임을 찾는다.

목척다리 아래
피라미 몰던 놈들
빵떡모자 데리고
보문산에 들던 놈들
오늘 그 그림 그리자.

평생 함께 살자던
어릴 적 되돌이켜
너를 만나는 날
다 주지 못한 마음 주려고
두근거리는 가슴 안아본다.

그때는

그때는
옹알이하고
배냇머리 숱이 없던 때는
웃으면 꽃이 되고
울어도 예쁘기만 하던 때는
나는 엄마, 아빠의
하느님였더이다.

그때는
걸음마 배우고
"엄마, 아빠." 말 배우던 때는
한 발짝 걸어 기쁘게 하고
말 한마디로 감동 주던 때는
나는 엄마 아빠의
천사였더이다.

그때는
1, 2, 3, 4 숫자 알고
가, 갸, 거, 겨 읽어 보이던 때는
하나, 둘, 셋, 넷 열까지 세고
'아버지, 어머니' 글씨 쓰던 때는
나는 엄마, 아빠의

영웅였더이다.

그때는
눈빛, 가슴 속 맑고
괴로움 슬픔 없던 때는
엄마 품에 안겨 아빠 등에 엎혀
엄마, 아빠를 행복하게 했던 때는
나는 엄마 아빠의
어린 아들였더이다.

몽상

대치고개를 넘으며
생각했다.

나 검둥이 되어
허리, 엉덩이 흔들며 춤추다가
노예 사냥꾼에게
잡혀도 좋다
생각했다.

온몸 밧줄로 묶여
임의 포구로 떠나는
노예선 바닥에
짐짝마냥 실려도 좋다
생각했다.

허우대 멀쩡한 놈
복종심 강한 놈으로
임이 사주면
싸게라도 사주면 좋다
생각했다.

임의 목화밭에

물 대고 풀 매며
하루종일 땀흘려
등꺼풀이 벗겨져도 좋다
생각했다.

발목에 족쇄가 채이고
임의 채찍에 살점이 묻어나도
나 임의 노예라면
평생 노예라면 좋다
생각했다.

그저 그런 생각을 하며
대치고개를 넘었다.

想念

임은 해돋이와 함께
섬 저쪽에서
내 가슴에
상념의 물결을 보낸다.

외로움 한 이랑
그리움 한 이랑
외로움 또 한 이랑
그리움 또 한 이랑

가슴에 스며
나를 삼킨 물결
영혼의 종생까지
다가올 물결

임은 해돋이와 함께
상념의 물결을 보낸다.
외로움 한 이랑
그리움 한 이랑

備忘記

그대
머리 다듬던
거울 앞에서
뜻밖에 그대 만나다.

백치처럼
반갑고 설레이다
미친 듯이
울먹이며 품에 안다.

가슴 속
허전했던 그 빈자리에
따스하고 향기로운 그대,
가득 차다.

아아~~~~~
그렇게 또 한번
그대 사랑함을 알다
그대 소중함을 알다.

다섯 치쯤 되는
머리카락 한 올

책갈피에 간직하고
備忘記를 적다.

어느 풍경

파도 높게 일고
천둥 번개 친다는데,
덩지 작은 저 섬은
모르는 모양이다.

바람 불어 해일 넘쳐
무섭던 일, 괴롭던 일
덩지 작은 저 섬은
잊었는 모양이다.

태풍경보 내려진 날
물새떼는 분주한데,
덩지 작은 저 섬은
그냥 가만히 있다.

不眠

고비 고비 세상 고비
넘어 가기 어려워
낙오병마냥 패잔병마냥
주저앉습니다.

한 평생 함께 가자.
다짐하던 길동무는
날 홀로 버려두고
제 갈 길로 갔습니다.

깊은 밤 보름달은
하늘 가운데 걸렸는데
귀또리 노래 소리를
통곡으로 헤아립니다.

삶은 괴롭습니다.
사랑은 서럽습니다.
가슴을 아리게 깎으며
잠을 못 이룹니다.

종소리

나
깊은 가슴 속에서
오늘 아침 임을 찾아
길 떠난 종소리
고개 넘고 여울 건너
어느 후덕한 골짜기
기슭에 주저앉아 쉬며
산울림으로 부활한
외롭고 그립다 외치는
자화상을 보네.

덩그렁~~~덩그렁~~~

나
밤에 기대어 잠잔 후,
내일의 여명과 함께
들길 건너 산길 넘어
임의 창문을 두드려 열면
임에게 살포시 흩어져
임의 꿈속에 머물다가.
메아리로 부활한
사랑한다 행복하다 외치는

자화상을 보겠네.

덩그렁~~~덩그렁~~~~

표류도

땅 끝에서 떨어져 나온
돌덩이, 흙덩이

물결에, 바람에
깎이고 씻기며

밀물 따라 들어올까,
썰물 좇아 달아날까?

망망한 바다 한가운데
외로이 떠서

집 나간 자식같이
애를 태우는

작은 섬
표류도.

歸鄕

친구야!
나는 고향이 좋더라.
어릴 적 우리 동네
그냥 갔었다.

네가 살던 ㄷ자집
길 나서 헐렸더라.
내가 낳은 초가집엔
양철지붕 씌웠더라.

학교길에 뛰어 건넌
징검다리 없더라.
발벗고 건넌 여울
다리 위로 다니더라.

물레방앗간 헐어내고
양옥집 지었더라.
읍내 가던 황톳길
휑하게 넓혔더라.

우리 클 때 있던 것
지금은 없더라.

곱고 예뻐 정든 것
바뀌고 변했더라.

그래도 친구야!
그 산 아래 동네더라.
그래도 친구야!
그 개울 옆 동네더라.

친구야!
나는 고향이 좋더라.
어릴 적 우리 동네
그냥 갔었다.

해방

나 살자고
싸우고 다투며
이뤄낸 성공지대
행복을 궁리하다
환각이 그리운
내 욕망의 세상.

태양이 굴절하며
찾아 드는 미로의 끝.
속박보다 처절한
두어 평의 자유.
고통보다 더 괴로운
두어 시간의 평화.

암호화한 언어로 부르는
메마른 연가.
전쟁처럼 살벌한
삶의 환산.
장승의 나라.
인간 실종지대 .

하얗게 함박눈 내리는

동짓달 어느 날 밤
이곳에서 멀어지는
발자국 남기며
환희로 포옹하는
해방.

(93 .12 .17)

故友 생각

참 잘났던 놈들이었는데,
참 똑똑하던 놈들이었는데,
참 좋은 놈들이었는데.

눈 깜빡할 한평생
그 허무조차 다 못 누리고
하나 둘 세상 뜬 친구.

헤아리며 기억해 본다.
살았으면 좋았을
아까운 친구들 …

죽어서는
고생하지 않겠지!
슬픈 일 괴로운 일도 없을거야!

죽어서는
실연 당해 외롭지 않겠지!
배신 당해 속상할 리도 없어!

죽어서는
못 배웠다 한스럽지 않겠지!

가난해 헐벗고 굶주리지도 않을 테고 …!

죽어서는
사업하다 부도내지 않겠지!
보증섰다가 거덜나지도 않아!

죽어서는
마누라 눈치보지 않겠지!
아들딸이 속썩이지도 않을 거야!

세상살이 근심, 걱정
다 끝난 고우 생각에
왜 가슴속이 시린 걸까?

욕심도 꿈도 다 뛰어넘어
자연으로 돌아간 고우 생각에
왜 눈물이 나는 걸까?

(2010. 2. 18)

여기는
- 오늘을 맞으며

여기는
해 뜨고 지는
세상살이 할 만한 곳.
향기로운 바람 불어
온갖 가슴 숨 쉬는 곳.
맑은 샘물 솟아
뭇 생명 목 축이는 곳.

우리
삶을 누리며
역사를 이을 곳.
땀 흘려 일하여
보람을 거둘 곳.
벗과 더불어 즐거운 곳.
임과 함께 행복한 곳.

여기는
소망의 횃불이 타고
이상의 깃발이 펄럭이는 곳.
전설을 꾸미고
신화를 세울 곳.
우리들의 피안
오늘.

自鳴鐘의 노래

내 가슴 두드려 우노니
임이여 잠을 깨라.

첨탑에서 날아온
맑고 깊은 종소리
너를 사랑하는 가슴의
간절한 기도

햇살은 앞산 마루에
어깨를 걸치고
내 동네, 네 마당에
햇살을 쏟아 붓는다.

창 밖에 서성이는 아침은
네가 그리는 하루
그 짐보따리를 들고
너를 기다리고 있구나.

어서 꿈에서 깨어
자욱이 서린 은총
네 오늘의 축복을
폭포처럼 받아들이려무나.

내 가슴 두드려 우노니
임이여 잠을 깨라.

씨앗을 뿌리면서

밭떼기 예닐곱 평
파 엎고 갈아
씨앗을 뿌린다.
시금치, 아욱, 쑥갓, 상추.

씨눈 뜨고 싹터 쑥쑥 자라
연하고 싱싱한 푸성귀
솎아낼 쏠쏠한 재미
미리 생각하며 즐겁다.

상추, 쑥갓 씨앗 놓고
친구들 얼굴 떠올리고
시금치, 아욱 씨앗 놓고
동기간 생각한다.

열뭇단 들고 찾아가
큰 소리로 부르던 이름
애호박, 호박잎 가져 가면
귀한 거라며 반기던 얼굴

그 때문에 두어 평
더 팔 생각을 한다.

열무도 파종을 해야겠고
호박 구덩이도 파야겠다.

밭뙈기 예닐곱 평
파 엎고 갈아
씨앗을 뿌린다.
시금치, 아욱, 쑥갓, 상추.

다 까닭이 있었다.

다 까닭이 있었다.

하늘이, 날씨가
막 뒤의 배우처럼
치장을 하는
까닭이 있었다.

곰나루 건너
계룡산 기슭 스쳐
맑고 시원한 바람 부는
까닭이 있었다.

마티 고개 너머
떼지어 선 코스모스
삼색 깃발 흔드는
까닭이 있었다.

산비탈 기어오르는
쑥부쟁이며 구절초 무리가
향기로운 숨을 몰아쉬는
까닭이 있었다.

까치밥으로 매달린
무르익은 홍시,
농심처럼 간절한 햇살에도
까닭이 있었다.

모두들
제 모습대로 제 분수대로
가을 이야기를 해야 하는
까닭이 있었다.

다 까닭이 있었다.

해는 수평선 너머로만 지지 않는다

해는
수평선 너머로만 지지 않는다.

언젠가는 숲으로 들기도 하고
어제는 고개를 넘어 가더니
오늘은 호수에 가라앉았다.

온 종일 하루를
빛으로 빛으로 불사르고
처절한 몸부림 저녁놀 품에서 떨어져,

창백해진 빨간 얼굴
솟아오른 제 그림자를 포옹하고서는
호숫물 위로 뛰어 내렸다.

하루 세상살이 끝자리
오늘과의 동행 종착지
제 빛과 정열을 모두 태우며 가라앉았다.

해는
수평선 너머로만 지지 않는다.

언젠가는 숲으로 들기도 하고
어제는 고개를 넘어 가더니
오늘은 호수에 가라앉았다.

내 발자국

눈 내려
흰 눈 내려
눈 세상, 눈 나라.

참 하얀
참 깨끗한
내 세상 내 나라.

눈길에 몇 발자국
그 걸음으로 좇은
내 삶의 궤적.

눈길에 그려 보는
평생의 발자국.
내가 남긴 내 발자국.

소꿉놀이 각시의 까만 눈
소년 시절의 속타던 짝사랑
철없던 야망의 착시와 환상.

1등, 상장, 합격, 등, 내 별자리
날아 오를 듯하던 힘찬 질주.

가슴 부풀었던 대박의 꿈.

흙벽돌집 방 한 칸.
쇠날개 도는 고물 선풍기.
곰삭은 황석어찜의 감칠맛.

먹을 자리 챙겨 주는 친구.
돈 될 일 알아봐 주는 친구.
욕지거리로 웃겨 주는 친구.

참 예뻤던 맞선 본 여자.
아들놈들의 옹알이.
아내의 주름진 선한 미소.

눈나라, 눈세상에
남기고픈 내 이야기
세상살이 행복했던 성공담.

눈 내려
흰눈 내려.
눈세상, 눈나라.

참 하얀
참 깨끗한
내 세상, 내 나라.

그녀가 지금 내 아내요.

나는 처복이 있는 사람
아내는 하느님 주신 은총
실패하고 망해 가난하지만
아내와 함께 행복하다오.
생각만 해도 좋은 사람
곁에서 보면 더 좋은 사람
그녀가 내 아내요

사금파리 조각에
진달래, 아카시아 꽃 얹어
밥상 차려 놓고
점심 먹으라던 소꿉동무
가끔 생각나는
얼굴 뽀얗던 계집애
그녀는 내 아내 아니오.

초등학교 3학년 때
큰 눈, 밝은 눈빛으로
나를 자주 쳐다봐
눈길 마주치면
부끄럽고 가슴 뛰던
산 너머 마을 기와집 딸

그녀도 내 아내 아니오.
내 사춘기 시절
볼이 예쁘고 붉어
가슴에 담아 두고
상사병 속앓이로
말 못하고 속태웠던
짝사랑 아가씨
그녀 또한 내 아내 아니오.

참 예쁜, 정말 예쁜
내 하늘, 내 가슴에 뜬 별
내 하늘, 내 가슴을 차지한 별
내 각시 되었으면
나랑 아들딸 낳고 살았으면
궁리하며 설레었던 소녀
그녀 역시 내 아내 아니오.

백 번도 넘게 본 맞선
그 마지막 날에 만난
예쁘지도 밉지도 않고
그저 그렇고 그래서
마음에 썩 들지 않던 여자
나를 좋아하지도 않던 여자
그녀가 지금 내 아내요.

3.

나는 바람이고 싶다

저녁놀

숨거두는 하루
탯줄처럼 잘려
바다에 잠기면,

은빛 놀로 번뜩이며
솟구치다 가라앉는
오늘의 빛.

그 하루 스러진 무덤에서
낮의 껍데기를
밤으로 벗으며,

솔밭 저쪽 수평선 너머로
내일의 불씨를 붉게 사르는
태양의 뜨거운 진통.

저녁놀.

칠갑산 느티나무

산이 좋아
대치고개 오르막에
서 있는 느티나무는
언제나 거기 서 있습니다.

줄지어 행군하는 개나리
산비탈에 기어 오르는 진달래
가지마다 다닥다닥 산목련 꽃봉오리
폭탄마냥 터지는 산벚꽃

연두색 새싹 냄새
연초록 새잎 냄새
까치내에서 올라오는 바람
숲에서 내리닫는 바람

산이 좋아
대치고개 오르막에
서있는 느티나무는
언제나 거기 서 있습니다.

소쩍새 울음 묻어 자귀나무 꽃 피면
소나무, 잣나무, 오리나무, 굴참나무

칡덩굴, 머루덩굴 어울려 뒤엉켜
굽이굽이 초록빛 활활 타는 초록 숲

산여울에 물새 울음
산기슭엔 멧새 노래
노랑색, 빨강색 나리꽃 고운 모습
흰빛, 보랏빛 들국화 맑은 향기

산이 좋아
대치고개 오르막에
서 있는 느티나무는
언제나 거기 서 있습니다.

눈 내리는 밤

선달
어느 날 밤
가로등 주위에
휘몰이 장단 춤사위처럼
눈이 내립니다.
나는 가끔 창문을 열고
시선을 하얗게 흩날립니다.
창문을 열 때마다
눈은 그렇게 내리고
가로등 불빛에 드러난
좁은 세상은
밤 깊을수록 포근합니다.

눈을 감고
하얀 눈 벌판에
임께 가는 발자국 그리다가
또 한번 창문을 엽니다.
여전히 눈보라가 치고
눈보라처럼 그리움이
내 가슴에 휘몰아칩니다.
아무래도 오늘 밤은
잠들지 못할 듯합니다.

조금 후, 꿈에서 깬 것처럼
다시 창문을 열 테고
눈은 여전히
내릴 겁니다.

가을

하느님은 내가 기도한 대로
가을을 그리셨다.

높고 맑고 파아란 하늘,
뒤엉켰다 풀어지며 흐르는 구름,

빨강, 하양 코스모스,
노랑 산국, 보라색 들국화.

개울에서 모락모락 피어 올라
억새풀, 갈꽃 머리에서 팍 터져 버린 하얀 안개.

저녁놀 멈칫거리던 산기슭 산비탈의
붉게 타는 놀빛 단풍.

물냄새, 풀냄새 나는 싱그러운 바람.
곡식을 영글게 하는 따사로운 햇살.

무리지어 날으는 기러기
그 울음 우는 고향 생각까지

하느님은 내가 기도한 대로
가을을 그리셨다.

고향 바다

내 고향 바다는
끝없이 넓고 깊은 바다.
할아버지, 아버지가 바라보던
속 깊고 품 넓은 바다.

물결 밀려와
와락 안기는 해안선.
물결 밀려가
멀리 물러선 수평선.

밀물에 가라앉아
숨 쉬는 갯벌.
썰물에 속살 보인
뽀얀 모래톱.

올망졸망 바위섬.
자맥질에 흠뻑 젖은 갯바위.
고깃배 따라 나는 갈매기.
항구 찾는 뱃고동 소리.

모두 다 품어 주고 안아 주는
품 넓고 속 깊은 바다.

할아버지, 아버지 가슴 같은
내 고향 바다.

별자리 하나, 별똥별 하나

木覓山 위에
별바라기 하다가
별빛 따라 올라
별 되어 반짝이는
별자리 하나.

계룡산 너머
별바라기 하는
눈빛 좇아내려
긴 궤적 빛으로 타는
별똥별 하나.

눈 내린 날 아침에 …

눈이 밤새 내렸나 보다.
도란도란 속삭임같이 내렸나 보다.

산과 들을 토닥거리며
좋은 말로 달래며 내렸나 보다.

세상이 온통 설복당해
하얀 태초가 다소곳이 열렸다,

어렸을 적 궁금하던 벌판 끝 동네,
소년 시절 동경하던 산 너머 마을.

시냇물 따라 신작로 좇아,
거기로 가는 발자국 남겨 본다.

문득 가슴이 시리다.
가슴 속이 아프다.

그건 내 발자국, 내 그리움.
함께 남길 수 없었던 임의 발자국.

눈이 밤새 내렸나 보다.
세상에 온통 태초가 열렸다.

식장산은 언제나 그렇다

기슭으로
여명을 받아들여
아침의 길목을 터주는
식장산

능선에 골짜기에
햇살, 바람 보듬어
꽃 피우고 열매 맺는
식장산

산줄기 산등성이
내려 보내며
산봉우리 안고 업고 섰는
식장산

해방 때에도
난리 때에도
그저 그렇게 가만히 있던
식장산

비바람에도 눈보라에도
좋은 건지 나쁜 건지

아무 말이 없는
식장산

식장산은 언제나 그렇다.

칠갑산 설경

하늘이 바스라져
자욱한 눈안개 속
휘몰이 장단에 추는
눈보라 춤사위에
하얗게 등 밝혔네.
칠갑산 대치 고개.

눈 쌓인 산줄기
눈 덮인 산비탈
산골짜기 산기슭
모롱이 마다 기대어
하얗게 굽이치네.
칠갑산 까치내

가지에 얼음 돋아
눈부신 설목 숲
멧짐승 제 집 찾아
날며 기며 분주한데
목탁소리 한가롭네.
칠갑산 장곡사.

인적 끊긴 오르막

길동무 서너댓
고개를 넘을 건지 말 건지
눈 맞으며 웃고 서서
고갯마루 올려다 보네.
칠갑산 장승.

겨울 열매

초록색 전설
향기롭던 옛이야기
다 떨어 버린
가녀린 가지
하얗게 소스라친
얼음 돌아
손시려도 꼭 쥔
겨울 열매.

굶주린 산새
허기진 들새에게
빨간 색 신맛
보라 색 단맛 주는
그 사랑 고와
이름 불러 주고픈
이름 모를
겨울 열매.

조금 때

조금 때
바닷가
모래밭은 외롭다.
바닷물은 밀물을 따라와
모래톱 아래
개펄까지만 와서
수런거리다가
먼 바다 소식
말해 주지도 않고
썰물 등에 업혀
저만큼 바다로
달아나 버린다.

조금 때
바닷가
모래밭은 외롭다
반달은 뜨는지 마는지
산등성이 위에만
엉거주춤 머물면서
창백한 안색으로 웃다가
산 너머 세상 소식
말해 주지도 않고

초저녁 노을과 함께
저만큼 수평선 너머로
달아나 버린다.

뒤꼍에서

예니레 전
바람 맑게 불던 밤
달 환히 밝던 밤
산자락 끝에 매달린
박씨네 오두막에서
바다에 나가 소식 없는
남편 생각이라도 났는지
박씨네 며느리가
흐느껴 울었다.

사나흘 전
후텁지근하던 밤
달무리 지던 밤
산중턱 붙들고 미끄러지는
박씨네 다랑 논배미에서
박씨네 젊은 며느리의
속사정이라도 아는지
개구리 떼가
목놓아 울었다.

새가 웁니다

온갖 새 웁니다.

종달새는
방울꽃 봉오리
입에 물고 날며
쪼릉 쪼릉 쪼르릉
즐겁게 흔듭니다.

뜸부기는
시퍼렇게 약오른
벼포기 무논 바닥에
뜸뜸뜸, 뜸뜸뜸
풍년 뜸을 놓습니다.

꾀꼬리는
숲속의 한량
풍류 잔치에
청아한 대금 선율
꺾고 꼬고 합니다.

밤귀신새는
어둠 속에 숨어

까만 휘파람 불어
한스런 사연을
활처럼 쏩니다.

두견이는
가슴 속 뜨거운
빨간 울음 웁니다.
자귀나무 가지에 묻어
빨간 꽃이 핍니다.

까치는
손님 앞에 노문 놓고
까마귀는
서낭에서 혼을 부릅니다
깍 깍 깍 까옥 까옥 까옥

온갖 새
제 살 곳에 살며
제 날 곳에 날며
맑게 탁하게 곱게 거칠게
제 울음을 웁니다.

숲에는 길이 있다

숲에는
길이 있다.

굴참나무, 떡갈나무
하늘거리는 잎사귀에 노닐며
소나무, 잣나무
가지를 타고 앉았다가
머루덩쿨, 다래덩쿨
뒤엉킨 수풀 위로
포근하게 쏟아져 내리는
햇살의 길이 있다.

숲에는
길이 있다.

억새풀, 갈대밭
너울거리는 이랑을 밟고
화들짝 놀라는
엉겅퀴며 노랑나리 대궁을 스쳐
활엽수 침엽수의
수런거리는 밀어를 엿들으며
싱그럽게 불어드는

바람의 길이 있다.

숲에는
길이 있다.

때죽나무에 자귀나무에
산등성에서 산기슭까지
때로 가랑비 때로 소나기
숲을 온통 초록으로 적시고
그 품속에 깊이 스몄다가
옹달샘 모래소용돌이로 솟아
골짜기 도랑 따라 흐르는
샘물의 길이 있다.

설국 유감

3월 어느 하루
하늘 열리고
눈 내려 눈 내려 개벽한 세상.

눈 마을, 눈 동네
뒷산엔 눈꽃 핀 설목의 숲
앞들엔 눈 벌판 가르고 흐르는 개울.

그저 그것 뿐
아무 것도 없는
그 세상이 참 좋더라.

산마루, 산비탈, 산기슭이 깨끗ㅎ더라.
넓은 벌, 깊은 골이 함께 하얗더라.
신작로, 오솔길 밟히지 않아 순결ㅎ더라.

그저 그것 뿐
아무 것도 없는
그 세상이 참 좋더라.

동서남북엔 생긴 그대로
가까이 멀리에는 제 모양 제 멋대로

눈에 싸인, 눈에 덮힌 하얀 무채색 나라.

그저 그것 뿐
아무 것도 없는
그 세상이 참 좋더라.

밀물처럼

나는 가리라.
향기로운 역사를 잃고
햇살과 바람과 샘물이
전설로 묻혀있는
황량한 나의 피안으로
밀물처럼 다가가리라.

나는 가리라.
아직도 저만큼 고고한 자리
아직도 저만큼 외경스런 높이에
어찌할 수 없는 나의 등불이 타고 있는
적막한 나의 피안으로
밀물처럼 다가가리라.

나는 가리라.
망설이고 서성대던 안타까움
조개무지처럼 쌓인 그 기슭에서
이제는 썰물로 돌아서지 않고
외로운 나의 피안으로
밀물처럼 다가가리라.

나는 가리라.

나의 피안에 포효처럼 뛰어들어
햇살, 바람, 샘물로 흩어지리라.
거기 내 소망의 끝 언저리
메마른 나의 피안으로
밀물처럼 다가가리라.

나는 가리라.
아름다운 삶과 사랑을 소생시켜
영원한 전설의 나라를 세우리라.
거기 내 이상의 깃대를 펄럭이게 할
허전한 나의 피안으로
밀물처럼 다가가리라.

나는 바람이고 싶다

나는 바람이고 싶다.
칠갑산 골짜기
냉천골 샘물에서 솟아
까치내와 함께 흐르다가
논두렁 밭두렁 넘어
보리밭 밀밭 고랑 지나
새소리 벌레소리 데리고
이백 리, 삼백 리
친구 찾아 서울 가는
바람이고 싶다.

나는 바람이고 싶다.
외연도 바닷속
해초의 숨결로 솟아
파도와 함께 출렁이다가
강줄기 거슬러
산줄기 따라
물 냄새, 숲 냄새 데리고
이백 리, 삼백 리
친구 찾아 서울 가는
바람이고 싶다.

꽃샘바람이 불거든

꽃샘바람이 불거든
옷깃을 여미지 마라.
그 바람도 본래
훈풍이었더니라.
꽃피우고 열매 살찌우던
따뜻한 바람이었더니라.

세상 풍파에
채이고, 할퀴고, 짓밟힌 아픔
가슴 속 깊이 차갑게 식어
한 품은 찬바람 되었더니라.
고드름 한파보다 더 매서운
꽃샘바람 되었더니라.

춥고 떨리는 겨우살이 피해
망명객처럼 품속에 숨어 드는
그 바람도 본래
훈풍이었더니라.
꽃샘바람이 불거든
옷깃을 여미지 마라.

9월이 오면

9월이 오면
문을 활짝 열고
발을 드리운 대청마루에 드러누워
청량한 바람을
기다리리라.

9월이 오면
맑고 높은 하늘을 바라보며
천둥 번개 치던 여름날
그 찌는 듯하던 무더위를
생각하리라.

9월이 오면
풍요로운 들판에 서서
등줄기에 땀 흘리던 이들의
짭짜름한 땀 냄새를
그리워하리라.

9월이 오면
만나는 친구마다 손을 잡고
세상살이 여름나기에 지쳐
세상 뜬 벗들 추억하며

울어 보리라.

9월이 오면
산에서 빨치산마냥 내려온
싱그러운 바람과 나란히 누워
지난 여름 얘기를 나누다가
단잠을 자리라.

가을 아야기

북서풍은 안면도 솔밭을 소슬하게 넘어
천수만 바다에 물이랑을 만든다.
너울너울 초록빛 바다.

싱그러운 바다 내음에
젖은 몸으로
뭍에 오른 바람

바람은 숲 속에 들어
금강초롱, 들국화 꽃잎에 물든다.
보라빛 꽃잎.

신작로 오솔길로 달리고 걸으며
코스모스 꽃잎에 청초하게 묻는다.
흰빛, 분홍빛

고개 넘고 산기슭 쏘다니며
배추밭에 초록색으로 널부러진다.
고추밭 포기포기에 빨갛게 매달린다.

벌판 위에 햇살과 함께 쏟아져
곡식의 낱알로 단단하게 여문다.

열매와 뿌리에 단맛으로 스민다.

하늘에 맑고 파랗게 담긴 가을
구름에 하얗고 포근하게 뒤엉킨 가을.
산에 들에 울긋불긋 타 오르는 가을

연잎에 이슬로 맺히는 가을
귀뚜라미 울음으로 구르는 가을
물안개로 싱그럽게 피어오르는 가을

아,
가을은
천수만 바닷물을
하얗게 끌어 올렸다가
파랗게 밀어 넣으며
남댕이 모랫벌에 올라서
흩어지는 바람
바로 그 바람이다.

5월

5월은
밀밭, 보리밭 고랑을 타는
바람이다.

5월은
나뭇잎, 풀잎에 올라앉은
초록빛이다.

5월은
아카시아에서 하얗게 흩날리는
꽃내음이다.

5월은
아기 손같이 내미는
두릅나무 순이다.

5월은
도르르 말리는
고사리 대궁이다.

5월은
온갖 생명들이 춤추는

아지랑이다.

5월은
머들령 고개를 넘어오며
머리 빗고 분단장을 했다.

5월은
삽재에서 내려오며
고운 옷 차려 입고 향수까지 뿌렸다.

木蓮 앞에서

해, 달, 별로
하늘 높은 데서
찬란하게 밝던 빛
아름답던 시절
옛날 그리며
하늘 바라고 섰구나.

행복하던 삶
향기롭던 꿈
세상에 다시 이루기
괴롭고 힘들어
옛날 그리며
하늘 바라고 섰구나.

흰색, 자주색
꽃봉오리 꽃송이
잎 없는 가지에
서러운 가슴 붙이고
옛날 그리며
하늘 바라고 섰구나.

봄 기울면

나무 가지, 가지
네 드레스를 벗고
초록치마 입을지니,
네가 그리워 한 옛날
하늘로 돌아가려무나.

화신

겨우내 고샅 토담에
얼굴 찡그리고
쪼그려 앉았던
게으른 햇볕.

초가지붕 처마 끝에
줄줄이 애처럽게 매달린
고드름에서 미끄러져
똑똑 떨어지는 낙숫물.

군불 지핀 아궁이에
고구마 깊이 묻어 놓고
식구들 몰래 손자 부르는
할머니의 황급한 손짓.

집이 비었는지
식구들은 살고 있는지
궁금하던 외딴집 굴뚝에서
피어나는 밥 짓는 연기.

응달에 쌓이고 쌓여
소한 대한 삼동 추위에

동장군 기세를 부리다가
기죽어 널부러지는 눈더미.

부어 오른 여드름
거울 속 들여다보며
우수, 경칩 짚어 보는
노처녀의 두근대는 가슴.

그런 세상 이야기가
따뜻한 세상 이야기이고
간절한 소생의 모습
꽃을 피우는 소식, 화신이다

초가을은 …

가을은,
초가을은
몰래몰래
밀사처럼
밤으로 새벽으로
집집마다 찾아와
창을 넘어 들었다가
늦여름 햇살에
그림자를 남기지 않고
숲으로 계곡으로 숨어
늦더위 눈치채지 못하게
바람으로만 분다.

가을 풍경

낙엽이
바람을 따라간다.
먼 데까지 가려는지
새벽 빛 앞세우고 서둘러
바람을 따라 간다.

낙엽이
바람을 따라간다.
달콤한 유혹에 빠졌는지
날며 구르며
바람을 따라간다.

낙엽이
바람을 따라간다.
깊은 정 들었는지
울며 불며
바람을 따라간다.

낙엽이
바람을 따라간다.
초록색 자존심 잃었는지
허겁지겁 앞 다투어

바람을 따라간다.

낙엽이
바람을 따라간다.
남모를 속사정 있는 건지
부모형제 본체 만체
바람을 따라간다.

삶을 돌이킨다면 아무래도 좋습니다

삶을 되돌이킨다면
아무래도 좋습니다.
자랑거리도 없습니다만
나 살던 그대로도 좋습니다.

아버지 어머니 자식으로 태어나
헐벗고 굶주리면 어떻습니까?
그래도 앞동산 누비며 병정놀이하고
방죽물에 첨벙대던 그 때가 좋습니다.

홍역 뇌막염 앓아 죽을 뻔하고
난리 통에 3~40 리 걸어 피난가도
논두렁 밭두렁에 풀이슬 헤치면
메뚜기 우박처럼 튀던 그 때가 좋습니다.

책보 동여 허리 매고 고무신 끌고 뛰면
필통속 몽당연필 달그락 소리 부끄러워도
앞에 가는 지서장 딸을 앞지를까 말까
그 망서림으로 설레던 때가 좋습니다.

챗독에 양식 떨어져
마른 논바닥 독새풀씨 털더라도

개울에서 송사리 몰던 때
무논에서 우렁 잡던 때가 좋습니다.

아버지 먼데 가셔서 안 계시고
어머니 가슴앓이로 내 맘 졸였어도
성당에 수녀님께 눈물 보이며
하느님께 기도하던 그때가 좋습니다.

일가집 고달픈 행랑살이
머슴살이처럼 서러웠지만
게 살 매놓고 게막 지키며
밤 꼬박 새던 그 때가 좋습니다.

기계충 도장병에 머리 빠지고
까맣게 때 낀 손등 갈라 터져도
엄마 손잡고 대목장에 설빔 사러가고
대보름날 쥐불놀이하던 때가 좋습니다.

몸에는 이가 끓고 횟배도 앓았지만
병나고 다쳐도 참아서 넘겼지만
맑은 물 흐르고 시원한 바람 불던 때
달 빛 밝고 별 많이 떴던 때가 좋습니다.

그저 그런 것뿐
별로 생각나는 것은 없지만
나의 지난 시절 돌이키기만 한다면
나 살던 그대로 돌아가도 좋습니다.

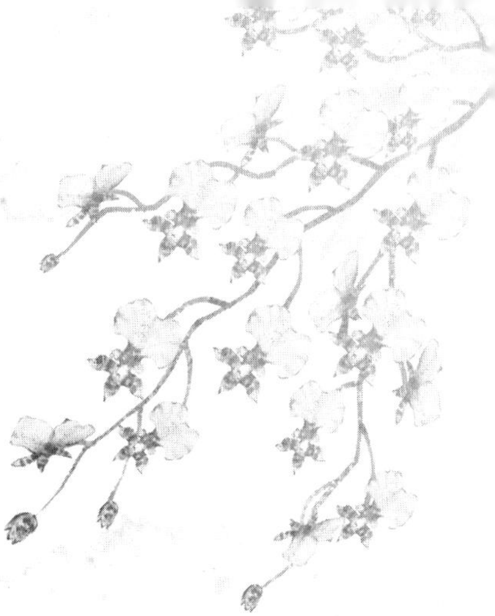

4. 첫사랑처럼 주님을 사랑하게 하소서

사모곡

하느님의
뜻 받들어
성령으로 예수님을 잉태하신
성모님, 우리 어머님!

아드님
하늘의 찬양, 땅의 경배 받으신
임마누엘 예수, 말구유에 낳으셨네.
성모님, 우리 어머님!

아기 예수
성전에 바치시고
정성으로 보살펴 기르신
성모님, 우리 어머님!

구세주 예수님
먼저 믿으시고
"그가 시키는 대로 하라" 이르신
성모님, 우리 어머님!

우리 주
세상의 죄, 혼자 짊어지실 때

아드님보다 더 괴로우셨던
성모님, 우리 어머님!

예수님
십자가에 못 박혀 돌아가실 때
슬픔에 마음 찢기신
성모님, 우리 어머님!

그리스도
영원한 생명으로 부활하실 때
환희와 감사로 또 우셨던
성모님, 우리 어머님!

성부와 성자와 성령과
이제 천상에 함께하시며
우리를 위하여 빌어 주시는
성모님, 우리 어머님!

섣달 스무닷새 날

시온 산 위
더 높은 곳에서
하늘 길 밝힌
영롱한 빛 따라
영원한 유다의 왕.
별자리 하나 늘어난
섣달 스무 닷새 날.

동정 성모님
성령의 은총 받아
낳으신 예수.
그리스도 임마누엘.
부활의 구세주.
별자리 하나 늘어난
섣달 스무 닷새 날.

동방박사 경배하고
주님 천사 찬양한 밤.
유다 땅 베들레헴에
이스라엘 목자될
말구유에 누운 아기.
별자리 하나 늘어난

선달 스무 닷새 날.

죄악과 타락의
어둠을 깨뜨리고
멸망과 죽음에
생명을 일깨우는
빛과 진리의 주님.
별자리 하나 늘어난
선달 스무 닷새 날.

불행보다 더 불행한
절망의 끝에
행복보다 더 행복한
소망의 처음을
구원으로 열어준 메시아.
별자리 하나 늘어난
선달 스무 닷새 날.

하늘에 영광.
땅에는 평화.
마음에 사랑.
삶에는 기쁨.

구하면 다 주시는 주님.
별자리 하나 늘어난
섣달 스무 닷새 날.

기다립니다

주님!
기다립니다.
향기로운 역사를 잃고
초록빛 생명이
미이라로 묻혀있는
황량한 우리 들판에
생명의 빛으로 오시기를
기다립니다.

주님!
기다립니다.
찬란한 소망을 잃고
어둠이 드리워
밝은 오늘 삼켜버린
깜깜한 우리 들판에
내일의 빛으로 오시기를
기다립니다.

주님!
기다립니다.
아름다운 사랑 잃고
절망으로 텅 빈 가슴

외로운 영혼이 우는
적막한 우리 들판에
사랑의 빛으로 오시기를
기다립니다.

주님!
기다립니다.
죄의 수렁에 빠져
욕망으로 상한 몸
탐욕으로 병든 정신
죽음 앞에 울부짖는 세상에
구원의 빛으로 오시기를
기다립니다.

성모님을 우러르며

– 그가 시키는 대로 하겠습니다.

성모님!
이렇게 가만히 불러 보는 것만으로도 가슴이 벅찹니다.
감사와 공경과 사랑이 마음에 가득해집니다.

하느님께 참되시고
예수님께 선하시고
성령께 아름다우신 성모님.

원죄 없이 잉태되시고
동정녀로 그리스도를 낳으셨으며
영혼, 육신이 함께 하늘에 오르신 성모님.

저희는 가브리엘의 찬미가 들립니다.
"은총이 가득하신 마리아님, 기뻐하소서.
주님께서 함께 계시니 당신은 여인 중에 복되십니다."

온전한 믿음으로 하느님께 순명하신 어머님.
아름다우셔라, 그 모습, 그 말씀,
"주님의 종이오니 그대로 제게 이루어지소서."

성령의 은총으로 구세주를 낳으시어
이사야의 예언을 이루신 성모님.

하느님의 말씀대로 이루신 성모님.

예수님 십자가 수난 중엔,
아드님이 만왕의 왕, 유다의 임금이신 행복보다
아드님이 구세주이신 괴로움이 더 크셨던 성모님.

골고타 언덕 주님의 십자가 함께 지시고
주님과 함께 못 박히시고 창에 찔리신 성모님.
가슴 속 깊은 그 어머님의 아픔, 오늘 느낍니다.

십자가에 아들을 잃으시고
거룩한 그 주검을 안으셨던 성모님.
주님의 십자가 아래, 저희도 어머님과 함께 통곡합니다.

그 수난의 날, 예수님의 음성이 들립니다.
"여인이시여 이 사람이 어머니의 아들입니다."
"이분이 네 어머니시다."

예수님, 숨 거두며 하신 말씀,
"다 이루어졌다." 온 세상에 울립니다.
이렇게 저희를 구원하신 예수 그리스도의 어머님.

아드님의 수난에 가장 슬퍼하셨던 성모님.
아드님의 부활로 가장 기뻐하셨던 성모님.
그 영광 크시어 천상 모후의 관을 쓰신 성모님.

하느님의 어머니.
온 인류의 어머니.
저희들의 어머니.

하늘에 오르신 후,
성자를 돌보시던 모정.
세상에 베푸시는 사랑의 어머니.

과달루페에 사랑 남기시고
루르드와 파티마에 사랑 보이신 성모님.
우리 성당 백송 아래에서도 사랑 주고 계신 성모님.

"너희가 울부짖는 소리를 듣고 있다.
죄인의 회개와 고통 받는 이들을 위해 기도하라."
가르쳐 주신 성모님.

믿음, 희망, 사랑으로
이끌어 주시는 거룩하신 덕.

저희는 말과 글, 그 어느 것으로도 찬양하지 못합니다.

그러나 성모님, 기뻐하소서.
맑고 향기로운 바람에 산야가 춤을 춥니다.
초록색 춤을 춥니다.

잎이 나고 꽃을 피우고
나뭇가지 마다 열매를 쥐고 있습니다.
생명의 축제가 온 세상에서 열립니다.

강과 바다가 흥겨워 어깨를 들썩이고
온갖 짐승들이 제 목소리로 신나게 노래 부릅니다.
하느님께서 성모 성월 잔치를 이렇게 벌이십니다.

자애로우신 어머님!
어머님 공경을 궁리합니다.
어머님 모시고 살리라 다짐도 합니다.

저희는 가나의 이야기를 압니다.
예수님께서 당신의 뜻을 굽히시고
어머님 말씀에 따랐던 일을.

일꾼들에게 분부하셨던 말씀도
저희를 타이르는 말씀으로 기억합니다.
"그가 시키는 대로 하여라."

성모님! 이제와 저희 죽을 때에
저희 죄인을 위하여 빌어 주시어
부활한 생명을 영원히 누리게 하소서.

천상의 모후 저희들의 어머님이시여!
주님의 뜻이 그대로 저희에게 이루어지도록 전구하여 주소서.
저희는 성모님 말씀 따라,
그가 시키는 대로 하겠습니다. 아멘.

못난이가 드리지 못하는 기도

주님 !
저로 하여금
이웃을 기쁘게 하는
주님의 종이 되게 하소서!

주님!
저로 하여금 노인들에게
공경하는 마음으로 아들이 되게 하소서!
귀 기울여 얘기를 들어주고
붙들어 의지가 되게 하여
노인들을 기쁘게 하는 자 되게 하소서!

주님!
저로 하여금 외로운 이들에게
위로하는 마음으로 가족이 되게 하소서!
만나서 재미있게 웃음 주고
세상살이에 용기를 갖게 하여
외로운 이들을 기쁘게 하는 자 되게 하소서!

주님!
저로 하여금 가난한 이들에게
아낌없이 주는 친구가 되게 하소서!

부지런히 일하고 절약하라 이르고
앞날에 희망을 갖게 하여
가난한 이들을 기쁘게 하는 자 되게 하소서!

주님!
저로 하여금 병든 이들에게
함께 아파하는 수호자 되게 하소서!
마음 편하라 잘 먹으라 격려하고
입맛 돌고 기운 나게 해
병든 이들을 기쁘게 하는 자 되게 하소서!

주님!
저로 하여금 죄지은 이들에게
먼저 통회하는 구원의 안내자 되게 하소서!
기도하며 회개하여 용서받고
구원에 이르는 천국의 길을 알려
죄지은 이들을 기쁘게 하는 자 되게 하소서!

주님!
저로 하여금
이웃을 기쁘게 하는
주님의 종이 되게 하소서!

주님, 저를 속박하소서!

주님!
주님께서 주신 자유에
감사드립니다만
저는 두렵습니다.
생각하고 말하고 행동하고
제 맘대로가 좋습니다만
두렵습니다.

주님!
순결하지 못한 생각하고
남 괴롭히는 말하고
교만하게 행동하는 데에
주님께서 주신 자유를
그 소중한 자유를 낭비합니다.
그래서 두렵습니다.

주님!
제 맘대로는
아무래도 안되겠습니다.
제게 베푸신 자유를
거두어 주십시오.
주님의 뜻 안에

저를 가두어 주십시오.

주님!
주님 안에서 생각하고
주님 안에서 말하고
주님 안에서 행동하고
그리 하는 것이
제 멋대로의 삶보다
훨씬 자유로울 듯합니다.

주님!
제가 주님의
사랑을 생각하고
복음을 말하고
거룩하심 따라 행하도록
저를 꽁꽁 묶어 주십시오.
그런 구속을 원합니다.

주님!
제 맘대로 누리는 것.
제 멋대로 해보는 것.
주님 뜻을 거스르면

괴로움에 갇힐 뿐입니다.
주님, 저를 속박하소서.
주님 안에 저를 자유롭게 하소서! 아멘.

첫사랑처럼 주님을 사랑하게 하소서!

주님! 가장 귀하시지만
첫사랑처럼 주님을 사랑하게 하소서.

언제나 그리워
마음 설레이고 가슴 저미게 하소서.

더러는 창문을 열고 먼 데를 보며
안절부절 못하고 기다리게 하소서.

어떤 때는 잠 못이루고
밤 꼬박 새워 생각하게 하소서.

우러러도 기도해도
마음 속 허전하여 주님 찾게 하소서.

좋은 것 보고 맛있는 음식 먹을 때
드리고 싶어 하게 하소서!

제가 가진 모든 것 다 바쳐도
모자라 아쉽게 하소서

언제나 어디서나

함께 하길 바라며 보고 싶게 하소서.

너무나 좋아, 정말로 좋아
목 터져라 사랑한다 외쳐보게 하소서.

잘못한 일, 저지른 죄 고백하고
마음 후련하게 하소서.

홀로 외로우면
주님 부르며 목놓아 울게 하소서.

사랑이신 주님, 질투로 속 태우며
오로지 주님 사랑 맹세하게 하소서.

주님 사랑 긴가민가 애닳아
주님께 더 깊이 빠지게 하소서.

사랑하기 어렵고 힘들어도
세상 아름다워 보이게 하소서.

주님! 가장 소중하시지만
첫사랑처럼 주님을 사랑하게 하소서

기도

주여!
저희에게
가을의 은혜를 베푸소서.
더위에 지쳐
메마르고 거칠어진
저희를 너그럽게 하시고
삭막한 마음에
풍요로움을 채워 주소서.

주여!
하늘 맑고 푸르러
바라보는 가슴
청량하게 하소서.
흰구름 흘러가는 아래로
기러기 울며 날아
부모, 형제, 고향, 그립고
친구도 생각나게 하소서.

주여!
달빛 밟으며
행길 따라 고개 넘어
마을가는 코스모스엔

달빛 내려 물들이소서.
논두렁 밭두렁에 모여 앉아
별 헤는 들꽃 무리엔
별빛 뿌려 물들이소서.

주여!
산등성이 오르다가
하늘 보며 숨고르는
들국화 송이송이엔 하늘 빛
맑은 물에 손 담그려
개울 둑에 모여 앉은
달개비꽃엔 깊은 물 빛
젖어들게 하소서.

주여!
바라보기 좋은
서산 고갯마루에
저녁놀 비쳐 주소서.
온 산 줄기 줄기마다
놀빛 단풍 불 붙어
산기슭 산비탈 산등성이로
타오르게 하소서.

주여!
나루 건너 재 넘어
맑고 시원한 바람 불게 하소서.
들판을 다독이고
숲속을 쓰다듬으며
들꽃 뫼꽃을 사랑하여
그 향기 함초롬한
바람 불게 하소서.

주여!
저 기슭에
며칠 더 촉촉하게
단 비를 내려 주소서.
소채의 잎과 줄기가
무성하게 하시고
실하게 벋은 뿌리에
풍부한 자양이 밑들게 하소서.

주여!
이 들녘에
며칠 더 따사롭게
햇살을 비쳐 주소서.

곡식의 낟알이
단단히 여물게 하시고
살진 열매에
단맛이 스미게 하소서.

주여!
저희를 지혜로운 자
되게 하소서.
바라고 원하는 것보다.
주님 뜻대로 주시는 것을
더 간절히 구하게 하소서
이제 가을을 바라보겠습니다.
구하는 것보다 더 주시는 주여!

제 가슴에 들어 있는 그 가을을 …

주님!
제 가슴에 들어 있는 가을
그 가을을 주십시오.

하늘에,
맑고 파아란 하늘에
흰 구름 떠 흘러야 하구요.

세상에,
따가운 볕 내리고
시원한 바람 불어야 합니다.

산기슭, 산비탈에
산꽃, 들꽃, 코스모스도 피우시고
노란 산국, 보라 빛 들국화 빼시면 안 됩니다.

들녘에
곡식 잘 여물고 열매 실하며
먹을 것의 밑이 잘 들어야 되구요.

논밭에

풍성한 가을걷이
큰 노적가리가 쌓여야 해요.

시골 동네 초가집엔
마당에 빨간 고추를 널어 말리고
박 덩굴에 올망졸망 박이 열리면 좋겠어요.

산줄기, 숲 속마다 고운 단풍
가로수에서 흩날리는 낙엽
남으로 날아가는 기러기 떼 …

이런 풍경의
설레임, 쓸쓸함, 그리움 …
이런 것들도 제 가슴 속의 가을입니다.

주님!
주님의 가을은 아름다웠습니다.
그렇지만 제 가슴 속의 가을을 주십시오

주님!
제가, 다 말씀드리지 못해도
제 가슴속의 가을을 주십시오.

주님! 저를 사랑하시나요?

주님!
저는 못생기고
못 배웠고 가난합니다.

주님!
저는 정직하지 못합니다.
거짓말하고 남을 속입니다.

주님!
저는 순결하지도 않습니다
남을 시기질투하고 저주도 합니다.

주님!
저는 겸손을 모릅니다.
선한 이를 공경하지 않습니다.

주님!
저는 신의가 없습니다.
약속을 어기고 돈도 떼어먹었습니다.

주님!
저는 정의롭지 못합니다.

불의한 힘 앞에 비굴합니다.

주님!
저는 탐욕스럽습니다.
양보할 줄 모르고 빼앗으려 합니다.

주님!
저는 자선을 베풀지 않습니다.
병들고 가난한 이들을 못 본 체합니다.

주님!
저는 부모께 불효한 자식입니다.
헐벗고 굶주렸고 못 배웠다 원망했습니다.

주님!
저는 이웃을 사랑할 자신 없습니다.
저에게 잘못한 이를 용서하지 않고 미워합니다.

주님!
저는 죄가 많아 회개할 엄두도 못 냅니다.
더러 성령께 죄를 짓기도 합니다.

주님!
저는 십자가 앞에서 머뭇거리고 못 본 체합니다.
주님의 복음도 듣는 둥 마는 둥입니다.

주님!
이런데도 저를 사랑하신다 소문났습니다.
주님! 저를 사랑하시나요?

에필로그

제 시집의 첫 장을 넘기신 독자분께 큰 절을 올립니다.

중학생 때, 철부지들로부터 글을 잘 쓴다는 칭찬을 들었습니다. 고등학교 다닐 때는 더 많은 칭찬을 들었습니다. 군인에게 보내는 위문편지와 잘못을 저지르고 선생님께 올리는 반성문을 대필해 주었기 때문이죠. 물론 연애편지도 많이 써 주어 친구들의 연애사를 즐겁게 기억하고 있기도 합니다.

그러나 시는 쓰지 않았습니다. 시를 잘 모르기도 했거니와 습작했던 내 시에 이내 실망하곤 해서, 도무지 시에 대해 자신감을 가질 수 없었습니다.

고교시절 '머들령 문학동인회'에 동인으로 참여도 했었지만 시를 한 편도 발표하지 못했고, 대학 국어국문학과에 입학하여 1학년 2학기 미등록 제적 처분을 받고 학력을 마감할 때까지도 시에 관심을 갖지 못했습니다.

그런데 30여년 뒤 나이 50이 다 되어 전혀 다른 동기로 시를 쓰기 시작했습니다. 무능한 사람이 사업을 한답시고 나부대다가 속을 썩세 되있습니다. 그래서 속을 달래느라 한 편 두 편 습작 시를 쓰게 되었고 사업을 정리할 때까지 4~50 편의 시를 썼습니다.

그 뒤 10년 넘게 시에 무관심한 세월을 보내고 2008년 7월부터 고등학교 동창회의 소식지에 슬그머니 시를 올리기 시작하여 현재까지 매월 한 편씩 올리고 있습니다.

그래서 사업 속앓이에서 나온 시와 동기 동창 소식지 지면 채우느라 끙끙 앓으면서 쓴 시를 모두 모아 제 시집을 엮었습니다. 친구들이 사춘기 시절 연애편지 써 줄 때처럼 칭찬을 해 주고, 동생과 조카들의 간접 감수 결과도 좋은 듯 싶어 이제야 겨우, 제가 쓴 글이 시는 시인가보구나 하고 착각하게 되었습니다.

다시 한 번 독자분들께 감사를 드리며 제 졸저, 『나는 바람이고 싶다』를 따뜻한 눈으로 바라보아 주시기를 부탁드립니다.

제 시집을 바라보며 먼저, 제 삶이 무너지지 않도록 물심양면과 신앙의 기둥을 세워 주고 시집 출간을 처음부터 끝까지 도와 준 대부 박건영 친구, 고맙습니다.

원고를 보시고 시가 좋다고 저를 격려하시며 시집 낼 용기를 주신 이화 출판사 성정화 사장님, 그리고 출판사의 가족 여러분, 고맙습니다.

습작의 첫 독자로서 감상을 말해 주고 의견을 제

가슴 뿌듯하고 자랑스러웠는지 ….

제가 대전 충남 적십자사 회장으로 봉사할 때에는 후원회원 모집 봉사자로 400여 명의 후원회원을 모집하였고 대전고등학교 동창회장시에도 일백백 운동을 지지하여 많은 동문이 적극 참여할 수 있는 계기를 만들어 주는 모습이 참으로 아름답게 느꼈습니다.

또한 친구, 동료들의 애경사에도 언제나 솔선수범 앞장서서 힘든 일을 마다하지 않았으며 매월 동기회보에 산문이나 시는 물론 재미있는 글을 100회도 넘게 실을 정도로 창작활동도 게을리 하지 않았습니다.

그 중 시의 내용이 너무 좋아 동기회보에 낸 시를 기본으로 책을 출판하면 좋겠다고 누차 재촉하여 간신히 그의 시집 『나는 바람이고 싶다』가 탄생하게 되었습니다. 그의 시집 『나는 바람이고 싶다』는 인간 장홍기의 사랑이야기라고 할 수 있습니다.

짧은 언어로 간결하게 노래한 이웃사랑, 가족사랑, 자연사랑 더 나아가 하느님에 대한 사랑이야기를 담고 있습니다.

그의 사랑이야기는 이제 칠순이 되는 우리에게 용서와 사랑을 실천하자는 마음을 전하는 메시지이기도 합니다.

그동안 친구가 동기회는 물론 저를 위하여 애써 주신 노고에 감사드리고 이렇게 좋은 시집을 출판하게 된 것을 진심으로 축하드리며 다음 시집을 기다립니다.

나는 바람이고 싶다

•인　쇄 | 2011년 12월 6일
•발　행 | 2011년 12월 10일

•저　자 | 장　홍　기
•발행인 | 성　정　화
•발행처 | 도서출판 이화
　· 대전광역시 중구 선화동 229-2번지 장현빌딩 2층
　· T. (042) 255-9707~8 / · F. (042) 255-9709

ISBN 978-89-6439-043-6 04810
　　89-87651-49-5 SET

정가 10,000원